Kasperl & Co.
Neue Stücke

Anregungen und Szenen für das Spiel mit Hand-, Stab- und Fingerpuppen

Inhalt

SÜDWEST

Puppenbühnen-Einmaleins

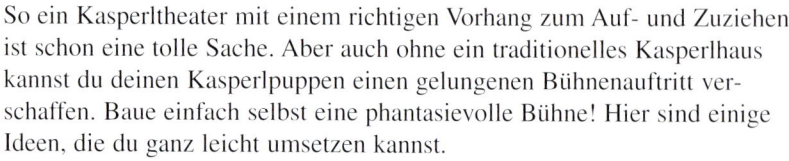

So ein Kasperltheater mit einem richtigen Vorhang zum Auf- und Zuziehen ist schon eine tolle Sache. Aber auch ohne ein traditionelles Kasperhaus kannst du deinen Kasperlpuppen einen gelungenen Bühnenauftritt verschaffen. Baue einfach selbst eine phantasievolle Bühne! Hier sind einige Ideen, die du ganz leicht umsetzen kannst.

Einfache Stehbühne

Hinter dieser Bühne haben 2-3 Spieler viel Bewegungsfreiheit. Binde dazu an zwei Stühlen gleich lange Besen mit einer Schnur ganz fest an Lehne und Stuhlbein. Stelle die Stühle im Abstand von 1,5 Metern auf. Spanne ein Leintuch zwischen die Besen, und befestige es seit-

lich an den Besenstielen. Beschwere eventuell die Stühle mit einem Gegenstand, damit sie nicht umfallen. Du kannst das Leintuch zum Schluss noch bemalen oder das Ganze mit bunten Tüchern dekorieren.

Wellpappenbühne

Eine tolle Bühne für 1-2 Spieler! Man braucht dafür Wellpappe, etwa 3 m lang und 1 m breit (gibt's im Baumarkt). Rolle sie von beiden Seiten so weit auf, dass deine Bühne gut steht. Bemale sie passend zum Stück.

Bügelbrettbühne

Brauchst du eine Bühne, die viel Platz zum Aufstellen von Requisiten bietet? Dann lass dir ein Bügelbrett in passender Höhe aufstellen, und lege ein buntes Leintuch darüber. Fertig!

Leiterbühne

Ziemlich ungewöhnlich, aber sehr effektvoll: eine Haushaltsleiter als Bühne! Einmal ist sie ein Hochhaus, einmal ein Berg oder eben der »himmelhohe Rosenstock«. Da die Spieler hier sichtbar bleiben, sollten sie dunkel gekleidet sein.

Das Bühnenbild

»Einfach, groß und bunt«, heißt die Devise beim Bühnenbild. Male mit kräftigen Farben großzügig Hintergründe auf Stoff oder große Papierbogen. Hänge sie an die Wand direkt hinter deiner Bühne. Schneide aus Karton einfache Formen wie zum Beispiel einen Baum oder ein Haus aus. Bemale sie, klebe sie auf Wäscheklammern, und stecke sie auf den Bühnenrand. Achte darauf, dass alles in der Größe zu den Puppen passt. Musst du im Stück das Bühnenbild wechseln, lasse einfach eine flotte Pausenmusik spielen. Schalte dabei das Bühnenlicht aus und das Pausenlicht ein.

Versuche das Publikum ins Stück mit einzubezie-hen. Manchmal ist es leider etwas träge, und du und deine Puppen, ihr müsst euch ein bisschen anstrengen. Aber merke: Bist du als Puppenspieler sichtbar – wie beim Spiel ohne Bühne –, blicke nie zum Publikum, sondern immer zu deinen Figuren, während du diese sprechen lässt. Trage möglichst dunkle Kleidung.

Das Licht

Ein bis zwei verstellbare Stehlampen genügen schon, um deine Bühne ausreichend zu beleuchten. Auch Klemmstrahler sind gut geeignet, du kannst sie direkt an der Bühne anbringen. Stell das Licht so ein, dass es weder Zuschauer noch Spieler blendet und von oben oder von unten seitlich kommt. Mit bunten Glühbirnen kannst du viele tolle Stimmungen erzeugen. Mit rotem oder grünem Licht wirkt beispielsweise eine Hexenküche noch gruseliger. Gelb ergibt ein schönes warmes Bühnenlicht, das für viele Stücke passt. Als Pausenlicht dient eine kleine Lampe neben der Bühne. Am besten suchst du dir einen freiwilligen Helfer, der das An- und Ausschalten des Bühnen- und Pausenlichtes übernimmt.

Musik und Geräusche

Lass deinen Kasperl lustige Lieder singen, bekannte Kindermelodien, deren Texte du passend zum Stück geändert hast. Zu Beginn, in den Pausen und am Ende des Stückes ertönt kurz ein Gong, eine Trillerpfeife oder Ähnliches, du kannst aber auch Musik von einem Kassettenrekorder abspielen. Noch besser ist es natürlich, wenn du Helfer hast, die musizieren. Sie können auch die passenden Geräusche im Stück machen, so etwa, wenn der Kasperl klopft, der Wind pfeift oder die Vögel zwitschern.

Deine Figur sollte immer dem Publikum zugewandt sein.

3

Das Stilzchen

Für 2 Puppenspieler und 1 Beleuchter Spieldauer ca. 10 Minuten

Kasperl hat wieder einmal vergessen, seine Rechenaufgaben zu machen. Ein frecher Teufel hilft ihm aus der Klemme. Dafür soll Kasperl dessen Namen erraten. Doch leider heißt der Teufel nicht »Rumpelstilzchen« und will nun als Belohnung Kasperls Zipfelmütze. Oder ist das alles nur ein böser Traum?

Figuren Spieler 1: Kasperl, Großmutter; Spieler 2: Zahlenschlange (siehe Randspalte Seite 5), Teufel
Bühne Kasperlhaus oder jede andere einfache Bühne
Requisiten Tuch als Bettdecke; Puppenheft
Licht Taschenlampe, 1 normales und 1 rotes Bühnenlicht

Bild 1: Kasperls Zimmer, nachts
Nur die Taschenlampe beleuchtet die Bühne spärlich. Kasperl liegt zugedeckt seitlich auf dem Bühnenrand und schnarcht.

Zahlenschlange (*beginnt zu tanzen*) 73, 59, 6 mal 9 geteilt durch 8… hast deine Hausaufgaben nicht gemacht! *Sie geht weg.*

Kasperl (*stöhnt laut und schreckt auf. Das rote Licht geht an.*) Ah… Hausaufgaben!… Oh nein, die hab ich schon wieder vergessen! Was soll ich jetzt bloß machen?! In Rechnen haben wir aber auch immer so viel auf.

Teufel (*taucht auf*) Ich helfe dir!

Kasperl (*erschreckt*) Aaah! Der Teufel! Hiiilfe!

Teufel Ich sagte ja schon, dass ich dir helfe. Mein lieber Kasperl, du wirst ja wohl nicht vor einem harmlosen Stilzchen wie mir Angst haben!

Kasperl (*hat sich von seinem Schreck schon wieder erholt*) Stilzchen? Du bist also gar kein Teufel?

Teufel Genau! Und jeder weiß, dass wir Stilzchen unermessliche Zauberkräfte haben und jedes Problem mit links lösen können.

Kasperl Sogar die allerschwierigsten Hausaufgaben?

Teufel Sogar die! Ich mach also deine Hausaufgaben. Du musst dafür raten, wie ich heiße. Rätst du falsch, kriege ich deine Zipfelmütze. Abgemacht?

Kasperl (*zu den Kindern*) Das ist ja leicht! Das ist bestimmt das Rumpelstilzchen… (*zum Teufel*) Abgemacht!

Teufel (*murmelt Zaubersprüche*) Fertig! Nun, sag, wie heiß ich?

Kasperl So schnell geht das? Also gut, du bist Rumpelstilzchen!

Teufel Falsch! *Er greift nach Kasperl.* Her mit der Zipfelmütze!

Kasperl Nein, meine Zipfelmütze gebe ich nicht her! Nein! Nein!

Das normale Bühnenlicht geht an, das rote Licht aus, und mit ihm verschwindet der Teufel. Die Großmutter erscheint.

Großmutter Was ist denn los, Kasperl? Hast du schlecht geträumt? *Sie nimmt Kasperl in den Arm.*

Kasperl (*verwirrt*) Großmutter, da war so ein Stilzchen, aber nicht das Rumpelstilzchen, das hat meine Rechenaufgaben gemacht, und dann wollte es meine Zipfelmütze.

Großmutter Das sind ja Sachen! Zeig mir mal dein Rechenheft!

Kasperl (*holt das Heft*) Da! (*wütend*) Ah, es hat keine einzige Aufgabe gelöst! Aber meine Zipfelmütze klauen wollen!

Großmutter Tja, da musst du die Aufgaben wohl selbst lösen. Ich wecke dich morgen früher und helfe dir. *Sie legt das Heft weg, deckt Kasperl zu und geht.* So, und jetzt schlaf schön! *Das Bühnenlicht geht aus.*

Kasperl Beim echten Rumpelstilzchen hätt ich den Namen gewusst. Ob das dann meine Hausaufgaben gemacht hätte? Na, dann gute Nacht, Kinder.

Du findest Rechenaufgaben gar nicht so schrecklich? Gut, es könnten zum Beispiel auch Deutschaufgaben sein. Dann wird die Zahlenschlange zur Buchstabenschlange.

Für die Zahlenschlange malst du einige Zahlen auf Silberpapier, schneidest sie aus, klebst sie mit Klebestift auf ein etwa 20 cm langes Band und befestigst dessen Enden an 2 Holzstäben. Die Schlange wird mit beiden Händen gespielt. Richtig lebendig wird deine Schlange, wenn du ihr aus Plakatkarton einen lustigen Kopf mit roter Schlangenzunge und einen Schwanz anklebst.

Der Findling

Für 2 Puppenspieler
und 1 Helfer
Spieldauer
ca. 20 Minuten

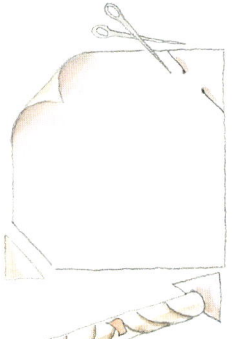

Kasperl bringt ein verschrecktes Krokodil mit nach Hause, das er mit Seppl im Wald gefunden hat. Man kann sich vorstellen, dass die Großmutter davon nicht gerade begeistert ist. Erst recht, als das Krokodil einigen Unfug anstellt. Gott sei Dank taucht am Ende sein wirkliches Herrchen auf.

Figuren Spieler 1: Kasperl, Krokodil; Spieler 2: Seppl, Großmutter, Polizist, Hexe
Bühne Jede Kasperlbühne; gemalte Bühnenbilder: 1. Wald; 2. Großmutters Stube
Requisiten Minikuchen, Pflaster, Schleifenband, 1 weißer oder schwarzer Handschuh
Licht 1 Strahler von oben
Musik und Geräusche Brummflöte (siehe Randspalte Seite 6), Flöte

---

So entsteht ein toller »Krokodil-brummton«: Nimm ein 21 x 21 cm großes dünnes Papier, schneide eine Ecke ab und die gegenüberliegende Ecke rechts und links etwa 2 cm ein (siehe Zeichnung oben). Rolle das Papier von einer spitzen Ecke ausgehend zu einer engen Röhre. Biege die abstehende Ecke etwas zur Öffnung hin. Ziehe durch die Röhre die Luft tief ein:

Bild 1: Im Wald

Das Bühnenlicht geht an. Kasperl und Seppl spielen Fangen. Als Seppl sich einer Bühnenseite nähert, ertönt von dort ein Brummton.

Seppl (*macht einen Satz zurück*) Hilfe, ein Monster! *Es brummt wieder.*

Kasperl (*neugierig*) Hmm … wir werden gleich sehen, was das für ein Monster ist. Ich hab noch ein Gummibärchen, vielleicht kann ich es damit hervorlocken. *Er legt ein Gummibärchen auf die Bühnenkante. Das Krokodil kommt hervor und frisst es hastig.*

Seppl Ah! Ein Krokodil! Schnell weg hier! *Er will wegrennen.*

Kasperl Keine Panik! Schau, es tut uns nichts. Und siehst du die dicken Krokodilstränen? Es weint! Ich glaube, es hat sich nur verlaufen, das arme Kleine. *Das Krokodil brummt.*

Seppl (*erschrickt erneut, als es wieder brummt*) Ich finde das Krokodil ganz schön groß! Und, Mann, hat das spitze Zähne! Komm, lass uns jetzt lieber gehen. Ich muss sowieso nach Hause.

Kasperl Es kann doch nichts für sein Aussehen. *Er überlegt.* Wem es wohl gehört? Es ist ganz zutraulich. *Er streichelt es.*

Seppl Meinst du? *Er will das Krokodil auch streicheln, da zwickt es ihn in den Hosenboden.* Autsch! Es hat mich gezwickt!

Kasperl Das hat es nicht so gemeint. Es hat wohl Hunger. Wir können es auf keinen Fall hier lassen! Ich nehme es mit nach Hause!

Seppl Aber … was wird deine Großmutter dazu sagen?

Das Bühnenlicht geht aus. Die Flöte spielt das »Lied vom Krokodil« (siehe vordere Umschlaginnenseite).

Bild 2: Großmutters Stube
Das Bühnenlicht geht wieder an.

Großmutter Nein, Kasperl, das musst du einsehen, das Krokodil kann nicht hier bleiben. So ein Tier kann gefährlich sein.

Kasperl Es hat doch selbst Angst. Schau, wie verschreckt es ist.

Großmutter Sicher ist es aus einem Zoo weggelaufen. Der Polizist wird den Zoodirektor schon verständigt haben. *Es klopft an der Tür (links). Sie öffnet.* Ah, Herr Wachtmeister. Da sind Sie endlich!

Polizist Guten Tag! Seien Sie beruhigt, jetzt nehme ich die Sache in die Hand. *Er macht einen Satz zurück.* Ah, ein Riesenmonster!

Auf der Mitte der Bühne wird eine kleine Abstellfläche für den Kuchen benötigt. Klebe dazu mit Klebeband ein Kartonviereck in passender Größe (möglichst klein) waagerecht auf den Bühnenrand.

Kasperl Aber das ist doch nur ein armes kleines Kokodril, äh, Krokodil. Das tut keinem was zu Leide. *Das Krokodil brummt.*

Großmutter Trotzdem, Kasperl! Der Herr Wachtmeister wird es jetzt mit auf die Wache nehmen, bis der Zoodirektor es abholt.

Polizist (*verwirrt*) Ähm… als wir vorhin am Telefon gesprochen haben, ahnte ich nicht, wie groß es ist. Das passt ja in keine Zelle… Ich brauche Verstärkung… Wir müssen es fesseln.

In diesem Stück muss der Puppenspieler der Großmutter mit einer Hand das Pflaster reichen und dem Kasperl auf die lädierte Nase kleben. Dazu am besten einen weißen oder schwarzen Handschuh anziehen.

Kasperl … was… fesseln… in eine Zelle sperren! Aber es hat doch gar nichts getan!!! Kann es nicht bei uns bleiben, bis es abgeholt wird, Großmutter, bitte? *Das Krokodil brummt.*

Polizist Tja, im Moment kann ich das Tier sowieso nicht mitnehmen. Es verhält sich ja ruhig. In 20 Minuten komme ich mit dem Zoodirektor zurück. Der kennt sich mit so was viel besser aus. Sind Sie einverstanden, solange zu warten?

Großmutter Also gut, meinetwegen. *Der Polizist geht links ab.* Oje! Der Apfelkuchen ist ja noch im Ofen! *Sie geht rechts ab.*

Kasperl Apfelkuchen wäre jetzt wirklich nicht schlecht. *Er streichelt das Krokodil.* Und du bekommst auch ein Stück. *Das Krokodil zwickt ihn in die Nase und brummt.* Autsch! *Kasperl befühlt seine Nase.*

Großmutter (*kommt gerade mit dem Apfelkuchen herein, stellt ihn ab und läuft zu Kasperl*) Ojemine! Kasperl, deine Nase! Hat dich dieses schreckliche Tier verletzt. Warte, ich hole dir gleich ein Pflaster. *Sie sucht.* Ah, hier hab ich eines!

Kasperl Nein, es ist überhaupt nicht schlimm. Ich brauche kein Pflaster, Großmutter, ehrlich!

Großmutter Keine Widerrede! Mein armer Kasperl! *Sie klebt dem immer noch widerwilligen Kasperl ein Pflaster auf die Nase. In dem Moment frisst das Krokodil den ganzen Kuchen auf.*

Kasperl (*entsetzt*) Nein! (*wütend*) Jetzt reicht's mir. Komm einmal mit in die Küche! *Kasperl führt das Krokodil rechts ab.*

Großmutter Kasperl, was hast du vor? *Es klopft an der Tür auf der linken Bühnenseite, sie öffnet, die Hexe kommt herein.*

Hexe (*schluchzt*) 'Tschuldigen Sie bitte … ich suche … ich bin verzweifelt … mein süßer kleiner Spatz … weg … *Kasperl kommt von rechts mit dem Krokodil zurück, dem das Maul mit einer großen Schleife zugebunden ist.* HANSI! *Die Hexe umarmt und küsst das Krokodil.* Mein Hansi! Dass ich dich heil wieder gefunden hab!

Kasperl Hansi ist ja heil geblieben, aber unser Apfelkuchen nicht.

Hexe (*hat nur Augen für das Krokodil*) Ich zaubere euch so viel neuen Apfelkuchen, wie ihr wollt! … Ach mein süßes Schnuckiputzi!

Kasperl … und Himbeereis mit Sahne für uns alle?

Natürlich ist das Krokodil bei der Party nach dem Theaterstück mit dabei. Dann trägt es die Schleife jedoch um den Hals, nicht ums Maul.

Hexe Klaro! *Sie hat kaum hingehört, denn sie streichelt ständig den Hansi.* Komm, mein süßer Hansispatzi, jetzt gehen wir erst mal nach Hause und erholen uns von diesem Schreck. Tschüsschen allerseits und vielen Dank! *Hexe und Krokodil gehen ab, ohne dass die Hexe etwas gezaubert hat.*

Kasperl (*ruft ihr nach*) Halt! (*Zu den Kindern*) Sie wird doch nicht unseren Apfelkuchen und unser Himbeereis vergessen haben?

Das Bühnenlicht geht aus, das Zimmerlicht an. Die Puppenspieler singen mit allen Kindern das »Lied vom Krokodil« (siehe vordere Umschlaginnenseite).

Am Ende des Stückes verkünden die Puppenspieler noch eine gute Nachricht: Die Hexe hat doch nicht vergessen, Apfelkuchen und Himbeereis mit Sahne oder was immer du und deine Freunde gerne mögt, zu zaubern. Diese Leckereien werden im Anschluss ans Theaterstück gemeinsam verspeist.

Die Sternenstaubdiebe

Für 2 Puppenspieler
Spieldauer
ca. 20 Minuten

Da die Puppenspieler im
ersten Teil dieses
Stückes sichtbar sind,
sollten sie schwarz
gekleidet sein.

Kasperl und Seppl fliegen mit ihrer selbst gebauten Rakete zum Planeten Orplid. Dort möchten sie Sternenstaub sammeln, denn der soll Träume in Erfüllung gehen lassen. Aber auf Orplid kommen ihnen »Miss Erabel« und »Mister Joso« dazwischen. Ob es Kasperl und Seppl trotzdem gelingt, Sternenstaub mitzubringen?

Figuren Spieler 1: Kasperl, Seppl; Spieler 2: Miss Erabel, Mister Joso (Hexe und Teufel mit Kleidern aus Silberfolie)
Bühne Aufgeklapptes und senkrecht aufgestelltes Bügelbrett (von einem Erwachsenen!) als Rakete, direkt daneben Kasperlhaus oder Wellpappenbühne (siehe Seite 2)
Requisiten Leiter aus Pappe, 2 Tütchen mit Sand oder mit Glitzer-pailletten gefüllt, Seifenblasen, 1 schwarzer oder weißer Handschuh
Licht Grünes Bühnenlicht, Strahler für die Rakete (das Bügelbrett)
Musik und Geräusche Triangel, Musik (Kassettenrekorder)

Bild 1: Die Rakete

Kasperl (*kommt seitlich hinter der Rakete hervor*) Hoppla, Heissassa! Hallo, Kinder! Da seid ihr ja endlich!!! Wir warten schon 687 Sekunden auf euch! Ich und der Seppl möchten doch heute zum Planeten Orplid fliegen. Aber ohne euch geht das nicht. *Er dreht sich nach hinten um.* Seeeppeeel! Sie sind daaahaaaa! *Er dreht sich wieder nach vorn, wartet, aber nichts tut sich.* Nanu, wo bleibt er denn? Der hat wohl Ohren in den Bohnen… äh… Bohnen in den Erbsen… Kommt, Kinder, wir rufen noch mal ganz laut! Alle. Seeeeppeeel!

Seppl (*noch unsichtbar*) Fliegen wir jetzt los? *Er lugt schüchtern hinter der Rakete hervor.* Hallo, Kinder!

Kasperl Ja, jetzt kann's losgehen! Kinder, wollt ihr uns helfen, die Rakete zu starten? *Die Kinder antworten.* Ja? – Super!

Seppl Aber das ist doch keine richtige Rakete, das ist doch…

Kasperl Seppl! Willst du nun ein Astronaut sein oder nicht?

Seppl Ja schon, aber …

Kasperl Nichts, aber! Unsere Rakete ist die neueste Logotechnie, da sind wir in null Komma nix auf Orplid. Dort gibt's superguten Sternenstaub, das weiß doch jeder. Davon holen wir uns welchen. Wenn man den unters Kopfkissen streut, geht das, was man sich erträumt, in Erfüllung. (*ungeduldig*) Also, kommst du nun mit?

Seppl Also gut.

Kasperl Dann alles fertig machen zum Start! Kinder, wir verschwinden jetzt in der Rakete. Während ich von zehn bis null zähle, startet ihr die Raketentriebwerke. Ihr müsst dazu nur mit den Füßen trampeln, erst leise, dann immer lauter. Wenn ich Start sage, lasst ihr die Rakete mit lautem Klatschen und Zischen starten. Okay? *Die Kinder antworten. Kasperl und Seppl verschwinden.* Zehn, neun, sieben, drei, zwei, eins … START! *Kasperl erscheint wieder.* Fehlzündung! Das war noch nichts. Kinder, wir müssen's noch mal probieren! Seid ihr alle bereit? *Die Kinder antworten.* Gut! *Kasperl verschwindet.* Zehn, neun, fünf, vier, zwei, eins … START! Los geht's!

Das Licht, das die Rakete beleuchtet, geht aus.

Bild 2: Auf dem Planeten Orplid
Das grüne Bühnenlicht wird angeschaltet. Ein Helfer pustet Seifenblasen auf die Bühne. Auf der Seite, auf der die Rakete steht, wird gerade die Leiter von oben nach unten ausgefahren.

Kasperl (*klettert, ein Tütchen in der Hand, die Leiter hinab*) Los komm, Seppl. Hier regnet's Seifenblasen! Schau mal, wie der Boden glitzert, überall Sternenstaub! Vergiss dein Sternenstaubtütchen nicht!

Seppl (*klettert auch, aber sehr zögernd hinab*) Nein, ich hab's schon. Aber Kasperl, bist du sicher, dass wir keinen Astronautenanzug brauchen?

Kasperl Absolut. Hier gibt's so viel Luft wie auf der Erde.
Er hüpft und fängt eine Seifenblase. Als sie zerplatzt, erklingt die Triangel.
Ui! Das macht Musik!

Zwischen Bild 1 und Bild 2 klebt oder hängt einer von euch Kasperl oder Seppl die mit Sand oder Glitzerpailletten gefüllten Tütchen an die Hand. Das Sternenstaubsammeln wird später nur angedeutet.

Ein Puppenspieler (Handschuh überziehen!) hilft beim Ausleeren der Sternenstaubtütchen. Ist kein Helfer verfügbar, kann das Ausleeren nur angedeutet werden. Bevor die beiden im 3. Bild wieder auftauchen, die leeren Tütchen entfernen!

Deine Turbo-Bügelbrett-Rakete steht wahrscheinlich stabiler, wenn du noch ein Kissen unterlegst. Die Tütchen zum Sternenstaub-sammeln werden aus Papier hergestellt. Handpuppen bekommen eine gerollte Spitztüte (ca. 8 cm lang), Stabpuppen eine rechteckige (ca. 3 x 5 cm).

Seppl (*fängt auch Seifenblasen*) Ich hab auch eine! … Und die! *Immer wenn einer eine Seifenblase fängt, erklingt die Triangel.*

Kasperl (*begeistert*) Und jetzt der Sternenstaub. Los, sammeln wir! *Er sammelt mit Seppl Sternenstaub auf. Währenddessen kommen Miss Erabel und Mister Joso von der anderen Bühnenseite.*

Miss Erabel (*spricht mit hoher Stimme und zeigt auf die Seifenblasen*) Ach, Mister Joso, dieser orplidische Regen heute wieder, schrecklich! *Sie bemerkt Kasperl und Seppl.* Schauen Sie, was sind das für seltsame Tiere dort?

Seppl (*sieht die Außerirdischen und erschrickt*) Oh, schau mal dort! Schnell, Kasperl, zurück in die Rakete!

Kasperl (*gelassen*) Das sind doch nur Außerirdische, Seppl.

Mister Joso kommt ganz nah an Kasperl und den am ganzen Leib zittern-den Seppl heran und betrachtet sie von oben bis unten.

Mister Joso Miss Erabel, es handelt sich eindeutig um Erdlinge.

Kasperl (*zu Seppl*) Das hätte ich denen gleich sagen können.

Miss Erabel Erdlinge! Igitt, wie schrecklich! Was machen die hier?

Kasperl Nur ein bisschen Sternenstaub sammeln, Miss Erabel.

Mister Joso Was? Ihr habt vom Sternenstaub genommen? Das könnte euch so passen! Ihr miserablen Erdlinge!

Miss Erabel (*ruft*) Sternenstaubdiebe! Oh, wie schrecklich!

Kasperl Es ist doch nur wegen der schönen Träume.

Mister Joso Nichts da! Nur unsere schönen Träume dürfen in Erfüllung gehen. Ihr leert sofort allen Sternenstaub aus!

Kasperl Ist ja schon gut. Wir machen's ja. *Kasperl und Seppl leeren den Sternenstaub (Sand) aus.*

Miss Erabel Am besten, wir fangen sie für unseren galaktischen Zoo. Wäre das nicht schrecklich schön?

Mister Joso Gute Idee. *Er versucht Kasperl und Seppl zu fangen. Diese rennen zur Leiter und klettern schnell nach oben.*

Kasperl Schnell, Kinder! Startet die Triebwerke. Zehn, neun, drei, zwei, eins… START! *Kinder lassen wie zuvor die Rakete starten.*

Bild 3: Die Rakete
Das grüne Bühnenlicht geht aus, das Licht an der Rakete an.

Kasperl (*lugt hinter der Rakete hervor*) Kinder, da sind wir wieder. Mann, das war ganz schön knapp. Danke, dass ihr uns geholfen habt.

Seppl (*lugt ebenfalls hinter der Rakete hervor*) Puh, ich hatte solche Angst, bin ich froh, dass sie uns nicht erwischt haben. Nur schade, dass wir keinen Sternenstaub mitbringen konnten.

Kasperl Hihihi, gut, dass ich ein Erdlingel…äh…ein Erdschlingel bin. Wir haben Sternenstaub!

Seppl Was? Aber wir mussten doch allen ausleeren.

Kasperl Ja, aber ich hab mir ein bisschen was in die Stiefel geleert. Ich glaub, das reicht für einen schönen Traum für uns beide. Ich bin gespannt, was wir heute Nacht träumen. Ob das dann in Erfüllung geht? Was meint ihr, Kinder?

Wähle für die Pausen und das Stückende am besten elektronische Musik aus, die »nach Weltraum« klingt. Falls du keine passende Musik findest, kannst du solche »sphärischen« Klänge auch mit einer Glasorgel erzeugen. Fülle dazu dünnwandige Gläser verschieden hoch mit Wasser, und streiche vorsichtig mit deinem nassen Zeigefinger über die Glasränder. Die Gläser klingen!

Der Liebestrank

Für 2 Puppenspieler
und 1 Helfer
Spieldauer
ca. 20 Minuten

Seppl hat Liebeskummer wegen Gretel. Um ihm zu helfen, stibitzt Kasperl der Hexe ein Fläschchen von ihrem selbst gebrauten Liebeszaubertrank. Wer davon trinkt, verliebt sich augenblicklich in denjenigen, den er gerade vor sich hat. Damit richtet Kasperl ein ganz schönes Durcheinander an.

> **Figuren** Spieler 1: Kasperl, Räuber, Großmutter; Spieler 2: Seppl, Hexe, Gretel
> **Bühne** Kasperlhaus mit Vorhang; gemalte Bühnenbilder: Hexenküche und Omas Küche (siehe Randspalte Seite 14 und 16)
> **Requisiten** Hexentopf, Löffel, Rosenstrauß, Wurst, Korb (alles aus Pappe), 1 Fläschchen mit roter Lebensmittelfarbe
> **Licht** normales Bühnenlicht, rotes Licht für Hexenküche
> **Musik und Geräusche** Triangel, Holzbrett (für Türklopfen)

Vor dem Vorhang

Kasperl Hallo, liebe Kinder! Ihr wartet sicher schon, dass wir endlich anfangen zu spielen, oder? *Kinder antworten.* Und ich warte mal wieder auf den Seppl. Wo der nur bleibt? Kommt, wir rufen ihn mal. *Alle.* Seppl!

Seppl (*traurig*) Ja, was ist denn?

Kasperl Hast du vergessen, wir wollten den Kindern doch was vorspielen! Was ist denn los mit dir, du siehst so geknackt, äh, geknickt aus.

Seppl (*verträumt*) Ach, die Gretel… sie ist so nett… sie hat so tolle Zöpfe… und es ist immer so lustig mit ihr…

Kasperl Was? Und darum bist du so traurig?

Seppl Nein, es ist weil… ach, ich glaub, sie mag mich nicht. Ich hab ihr die Schultasche getragen… alle grünen Gummibärchen hab ich ihr abgegeben, weil sie die so gern isst… aber… sie schaut mich nicht mal richtig an und spielt immer nur mit den anderen.

Auf das Bühnenbild mit der Hexenküche klebst du (mit Klebeband) eine hohe Tür aus Pappe auf, die im rechten Winkel abstehen soll. Schneide zuvor ein Schlüsselloch in die Tür, durch das der Kasperl schauen kann. Klebe den Hexentopf auf eine Holzwäscheklammer, und stecke ihn auf den Bühnenrand.

Kasperl Seppl, soll ich mal mit der Gretel reden?

Seppl (*erschreckt*) Nein, auf keinen Fall, das will ich nicht! Lass mich einfach nur in Ruhe. *Er rennt weg.*

Kasperl So kenne ich den Seppl gar nicht. Kinder, ich glaube, das sind typische Anzeichen von Verknallt… äh… Verliebtheit. Wir müssen ihm helfen. Aber wie, wenn er nicht will, dass ich mit Gretel rede? Ich kann ja nicht zaubern. *Er überlegt.* Oder… vielleicht. *Er geht schnell ab.*

Bild 1: Die Hexenküche
Die Hexe rührt im Hexentopf. Kasperl lugt durchs Schlüsselloch.

Hexe (*verliebt*) Gibt es in der Welt einen schöneren Mann als den Räuber Siebenkäs? Nein, keiner hat einen schlapprigeren Schlapphut, einen wilderen Läusebart und größere Löcher in den Socken als er. Ach! Das ist ein Mann nach meinem Geschmack!

Kasperl (*zum Publikum*) Die Hexe ist wohl auch verknallt!

Hexe Noch willst du von Liebe nichts wissen. Aber mein Trank wird dir schmecken, Siebenkäs! Wenn du mich danach als Erste erblickst, wirst du mich lieben! Lieben! Lieben! *Sie spricht beschwörend den Zauberspruch.* 2 x 3 plus 2 sind 8, Zaubertrank gewinn die Macht, dass jeder, der dich

Den Augenblick, in dem sich eine Figur verliebt, kannst du mit verschiedenen Tönen und Geräuschen untermalen, zum Beispiel Violinsaiten zupfen oder ein Glöckchen läuten. Was klingt am romantischsten? Auch die Stimmen der Verliebten verändern sich: Sie werden aufgeregt, laut und leidenschaftlich. Nur keine falsche Zurückhaltung!

trinkt, in tiefe Liebe sinkt, zu der Person, die ihm ganz prompt, als erste vor die Augen kommt. (*Die Triangel klingt, Vorhang zu.*)

Vor dem Vorhang
Kasperl erscheint mit einer kleinen Flasche unter dem Arm.

Kasperl (*flüstert, aber gut hörbar*) Ich hab ihn, den Liebestrank! Ich hab ihn der Hexe stibitzt. Jetzt müssen wir es nur so einrichten, dass die Gretel davon trinkt und Seppl der Erste ist, den sie dann sieht! *Er geht ab.*

Bild 2: Omas Küche

Kasperl (*sucht ein Versteck für den Liebestrank*) Ah, hier findet ihn keiner. *Er versteckt die Flasche (siehe Randspalte).*

Großmutter (*kommt von links*) Kasperl, hier in der Küche bist du. Komm, hilf lieber im Garten mit. Gretel ist auch da. Du kannst das Unkraut jäten. *Sie geht links hinaus.*

Kasperl Ja, gleich, Großmutter! (*zu den Kindern*) Muss ich eben den Liebeszauber ein bisschen verschieben. *Er folgt der Großmutter.*

Räuber (*kommt von rechts, blickt sich immer wieder um*) Keiner hier? Dann kann ich mich ungestört nach was Essbarem umsehen. *Er sucht überall, findet eine Wurst und isst sie hörbar.* Mmh… *Er zieht den Liebestrank hervor.* Und was haben wir hier Feines?
Er trinkt und stellt ihn auf den Tisch. Mmh, passt gut zur Wurst! *Da kommt die Großmutter von links in die Küche zurück und blickt sich suchend um. Der Räuber duckt sich rechts vom Tisch und sieht die Großmutter. Die Triangel erklingt.*

Großmutter (*sieht den Räuber nicht, holt den Korb*) … ah, da ist er ja. Den brauche ich. *Sie eilt wieder hinaus.*

Räuber (*kommt aus seinem Versteck*) Sie ist es! Die oder keine! Ich werde ihr Blumen bringen! *Er eilt rechts hinaus.*

Gretel (*kommt von links*) Puh, die Gartenarbeit macht Durst! *Sie sieht den Liebestrank auf dem Tisch.* Oh, Großmutter hat wieder Himbeersaft gemacht. *Sie trinkt.* Mmh, lecker.

Großmutters Küche braucht einen Tisch und ein Versteck für den Liebestrank. Um beide Probleme auf einmal zu lösen, klebst du einfach mit doppelseitigem Klebeband eine stabile Schachtel mit der Öffnung zur Spielfläche auf den Bühnenrand. Die Schachtel sollte nur so groß sein, dass gerade das Fläschchen hineinpasst.

Es klopft (Holzbrett) rechts an der Tür. Gretel öffnet. Der Räuber kommt mit einem großen Blumenstrauß.

Gretel Oh! *Die Triangel erklingt.* Sind die für mich? *(beiseite, zum Publikum)* Kinder, der Räuber ist eigentlich total supernett.

Räuber *(kommt verlegen herein)* Ähem, nein, die sind für…

Großmutter *(kommt von links mit Korb)* Was machen Sie hier, Siebenkäs!

Räuber *(eilt ihr entgegen)* Ich will dich um Verzeihung bitten, mein Augenstern! Hier! *Er hält ihr die Blumen hin.* Eine Blume für jede geklaute Wurst. Meine Holdselige! Die Liebe ist eine Himmelsmacht!

Kasperl *(kommt von links, zum Publikum)* Was ist denn hier los?

Großmutter Siebenstern, bitte lassen Sie diese Scherze. Ich bin nicht mehr böse wegen der Würste. Aber ich möchte Sie hier nie mehr sehen, bitte gehen Sie augenblicklich.

Räuber *(verzweifelt)* Oh nein! Ich Unglücklicher!

Gretel *(verzweifelt)* Oh nein! Ich Unglückliche!

Die Wirkung des Hexenzauberspruches kannst du zusätzlich zur Triangel mit Tamburin, Trommel oder Gong eindrucksvoll verstärken. Achte darauf, dass trotz der musikalischen Untermalung die Stimmen der Spieler noch gut zu hören sind.

Kasperl (*zum Publikum*) Oh nein! *Der Vorhang geht zu.*

Vor dem Vorhang
Kasperl und Seppl versuchen die weinende Gretel zu trösten.

Kasperl Meine arme Gretel, was sollen wir jetzt nur machen?

Gretel (*schluchzt*) Er ist meine erste große Liebe … doch er liebt eine andere! Die Großmutter!

Seppl Aber er ist doch ein Räuber. Und er sieht auch überhaupt nicht gut aus. Er hat Läuse im Bart.

Gretel (*rennt davon*) Ihr versteht gar nichts! Lasst mich in Ruhe.

Seppl Aber Gretel, ich versteh dich … *Er rennt ihr nach.*

Kasperl (*holt den Liebestrank aus der Tasche*) Das ist kein Liebestrank, sondern ein Teufelswasser! Was soll ich nur tun?

Bild 3: Die Hexenküche
Es klopft, die Hexe öffnet die Tür, der Räuber kommt herein.

Hexe Siebenkäs! Hat dich die Liebe endlich zu mir gebracht!

Räuber Ja, woher weißt du das? Gleich als ich sie heute sah, wusste ich, sie ist die Frau meines Lebens.

Hexe (*erschreckt*) Sie? Wer ist sie?

Räuber Na, die Großmutter. *Er beginnt zu weinen.* Aber sie verabscheut mich. Ich bin verzweifelt. Darum bin ich zu dir gekommen. Hilf mir!

Hexe (*schluchzt verzweifelt*) Aber ich … ich kann dir nicht helfen.

Räuber Aber warum nicht? Du kannst doch hexen, kannst du mir nicht einen Liebestrank brauen? Bitte! Ich flehe dich an!

Hexe (*drängt ihn hinaus*) Nein, geh, bitte geh. *Als sie allein ist, weint sie.* Er liebt eine andere! Ich Unglückliche!

Das Trinken des Zaubertrankes wird natürlich nur vorgetäuscht. Beim Halten des Fläschchens hilft der Puppenspieler. Dazu am besten einen weißen oder schwarzen Fingerhandschuh überziehen. Vielleicht hast du Lust, ein witziges Etikett für die Zaubertrankflasche zu malen.

Kasperl (*kommt herein*) Hallo, Hexe, darf ich reinkommen?

Hexe (*traurig*) Lass mich in Ruhe.

Kasperl (*verlegen*) Ähem. Ich hab da, glaub ich, eine Dummheit gemacht. Der Liebestrank… *Er zeigt ihn.*

Hexe Der Liebestrank? Du hast ihn also gestohlen!

Kasperl Ausgeliehen! Nur um dem Seppl zu helfen. Aber dann ist alles schief gegangen. Der Räuber…

Hexe … du meinst… Siebenkäs hat… ah, das erklärt alles!

Kasperl Ja, und die Gretel auch!

Hexe (*freudig*) Kasperl, was für ein Glück! Was verzaubert wurde, kann nämlich auch wieder entzaubert werden. Pass auf! 2 x 3 plus 2 sind 8, Zaubertrank verlier die Macht!

Vor dem Vorhang

Kasperl Die Hexe wird den Räuber bald zu einem neuen Liebestrank einladen, und auch die Gretel wird sich sicher bald erholen, aber was wird aus dem armen Seppl?

Seppl (*kommt mit Gretel*) Hallo, Kasperl! Wo warst du? Wir haben dich gesucht. Der Gretel geht es schon viel besser.

Gretel Ja, ich versteh gar nicht mehr, wie ich mich in den Räuber verlieben konnte. Aber es war sehr lieb, dass ihr mich getröstet habt, vor allem von dir, Seppl.

Seppl (*glücklich*) Kasperl, die Gretel und ich gehen ins Schwimmbad. Kommst du mit?

Kasperl Klaro! *Er geht mit den beiden, kommt aber sofort zurück.* Kinder, das nennt man ein Happy End! Tschüss, bis bald.

Falls du dieses Stück auf einer Bühne ohne Vorhang spielst, benötigst du für die Szenen, die vor zugezogenem Vorhang spielen, einen weiteren Bühnenhintergrund, zum Beispiel »Am Dorfrand«.

49

Der himmelhohe Rosenbusch

Für 2 Puppenspieler
2 Helfer
Spieldauer
ca. 30 Minuten

Hier sind die Puppen-
spieler sichtbar. Sie
sollten darum möglichst
dunkel gekleidet sein.
Der 1. Akt wird im
Schneidersitz gespielt,
der 2. und 3. Akt kniend
und der 4. Akt stehend.

Vor langer Zeit soll die Rosenhexe einer Sage nach die Prinzessin Luzinia in einen Vogel verwandelt haben und seitdem auf dem »himmelhohen Rosenstock«, ihrem Schloss, gefangen halten. Kasperl beschließt, da einmal nach dem Rechten zu sehen. Ob es ihm tatsächlich gelingt, die Prinzessin zu befreien?

Figuren Spieler 1: Kasperl, Großmutter, Rosenhexe (Hexe mit rotem Tüllrock) Spieler 2: Rosenkobold (Teufel), Rosenelfe (Gretel mit rosa Tüllrock und Hut), Luzinia (Prinzessin im Vogelkostüm, in einen Schleier gehüllt, der mit einem blauen Band festgebunden wird)
Bühne Leiterbühne als Rosenbusch (siehe Seite 2) geschmückt; auf erster und vorletzter Leiterstufe Stoff (siehe Kasten) glatt streichen
Requisiten 1 Papierrose als Hut (Öffnung nach unten) für die Rosenelfe; rosa Tüllrock; roter Tüllrock; 1 echte Rose; ein Stück Tüll mit aufgeklebten kleinen Federn (Vogelkostüm), blaues Seidenband
Licht 4 Klemmstrahler: einen oben am Bügel der Leiter befestigen und die drei anderen an einem Stuhl neben der Bühne
Musik und Geräusche Xylophon, Flöte

Bild 1: Am Fuß des Rosenstockes
Das Xylophon erklingt, das erste Bühnenlicht geht an, Flötentriller (wie Vogelgezwitscher) ertönen. Die Großmutter sitzt auf dem Knie des Puppenspielers am Fuß des Rosenbusches. Kasperl kommt.

Kasperl Hallo, Großmutter! Hallo, liebe Kinder! Hier steckt ihr also! Ich habe euch schon gesucht!

Großmutter Hier unter dem Rosenbusch ist im Sommer mein Lieblingsplätzchen, Kasperl. Und die Kinder sind auch gern hier. Nicht wahr, Kinder? *Die Kinder antworten.*

Kasperl (*riecht an den Rosen und nimmt einen tiefen Atemzug*) Hmm, die Rosen duften aber auch so gut wie die allerköstlichsten Heidelbeerpfannkuchen. Ich glaube, es ist der schönste und größte Stosenrock... äh Rosenstock weit und breit.

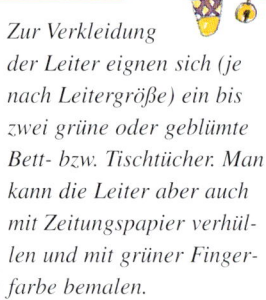

Zur Verkleidung der Leiter eignen sich (je nach Leitergröße) ein bis zwei grüne oder geblümte Bett- bzw. Tischtücher. Man kann die Leiter aber auch mit Zeitungspapier verhüllen und mit grüner Fingerfarbe bemalen.

Großmutter Ja, es ist ein ganz besonderer Rosenbusch. Früher glaubte man sogar, er sei das Schloss der Rosenhexe höchstpersönlich. So jedenfalls hat es mir meine Großmutter erzählt, und die hat es wiederum von ihrer Großmutter.

Kasperl Moment mal, das war dann ja meine… *Er überlegt.* Ur-… Ur-… Urgroßmutter. Die muss ja mächtig alt gewesen sein.

Großmutter (*lacht*) Nein, aber sie lebte vor langer, langer Zeit. Damals soll die schöne Prinzessin Luzinia hier spazieren gegangen sein. Sie wusste nicht, dass der Rosenbusch verzaubert war, und pflückte sich eine Rose, um sie sich ins Haar zu stecken. Da hat sie die Rosenhexe in einen Vogel verwandelt. Seitdem, so erzählt man, hält die Hexe die arme Luzinia oben in ihrem Schloss gefangen. Manchmal hört man hier eine Nachtigall singen, das soll die Prinzessin sein, die der Hexe wieder etwas vorsingen muss.

Kasperl Was?! Dann ist die Prinzessin Luzinia ja hier auf dem Rosenbusch. Ja, hat sie denn nie jemand befreit?

Großmutter Viele sollen es versucht haben, doch keinem gelang es, den hohen, dornigen Rosenstock zu erklettern. Aber, Kasperl, das ist alles nur ein Märchen, das musst du nicht für wahr halten.

Kasperl Und wenn es nun doch stimmt?

Großmutter Glaub mir, das ist nur eine alte Geschichte, mehr nicht. So, ich gehe jetzt und backe für alle ein paar ordentliche Heidelbeerpfannkuchen. Die magst du doch so gern, Kasperl, und die Kinder auch. Gehe du noch den Seppl und die Gretel holen. *Sie geht.* Bis gleich, Kasperl! Bis gleich, Kinder!

Kasperl Also gut, dann holen wir jetzt Gretel und Seppl zum Pfannkuchenessen. *Flötentriller erklingen. Er blickt verträumt nach oben.* Ach, die schöne Luzinia! Hier im himmelhohen Rosenstock! In einen Vogel verzaubert! (*Zu den Kindern*) Kinder, auch wenn's nur ein Märchen ist, ich glaube, man sollte auf jeden Fall mal nachsehen. Was meint ihr dazu? *Kinder antworten.*

Falls du keine vier Strahler auftreiben kannst, kommst du auch mit zwei aus: Einer leuchtet das Stück über von der Seite, der andere, der von oben leuchtet, wird erst beim 4. Akt eingeschaltet.

Kasperl Also, dann los, da bin ich doch im Nu raufgekraxelt! *Während das zweite Licht angeht und kurz das Xylophon ertönt, klettert er auf die erste Stufe des Rosenbusches.* Autsch! Auauau!

Bild 2: Im unteren Teil des Rosenstockes

Rosenkobold (*während er Kasperl mit seinen Hörnern sticht*) Hihihihi, das schaffst du nie! Ich bin der Rosendornenwicht und mache, dass die Rose sticht. Ich zwick dich hier, ich zwick dich da! Die Rose sticht, juheißassa!

Kasperl (*schreit laut*) Auauauauau, aufhören! Verflixt und zugenäht, aufhören, du stacheliger Dornenwicht!!!!!

Rosenkobold Keine Rose ohne Dorn, so ist's nun mal, da hilft kein Zorn.

Kasperl Und was wird aus der verzauberten Prinzessin Luzinia?!

Rosenkobold Luzinia?… Mist, dazu fällt mir kein Reim ein!

Kasperl Weißt du denn nicht, dass die Rosenhexe dort oben eine verzauberte Prinzessin gefangen hält? Ich möchte sie befreien. Also mach mal eine Ausnahme, und hör auf, mich zu sticheln… ähhh… stechen.

Rosenkobold Nein, nein, nein, das kann nicht sein. Die Hexe wird sonst säuerlich und ziemlich ungeheuerlich. Doch… *Er überlegt.* Das wär mir alles einerlei für einen, zweie oder drei von Großmutters leckren Pfannkuchen, die möchte ich nämlich mal versuchen.

Die Papierrosen für den Rosenstock fertigst du aus verschieden großen Krepppapierstreifen, indem du diese zusammenrollst und an einem Ende mit grünem Kreppband umwickelst. Dessen Ende mit Klebeband fixieren. Zupfe die entstandene Blüte in Form.

Kasperl Was?! Nein, das geht nicht, was würde da die Großmutter… *Der Rosenkobold fängt wieder an, mit seinen Hörnern zu stechen…* Auauau. Also schön, also schön. Du darfst heute zu uns zum Heidelbeerpfannkuchenessen kommen. Ich lade dich höchstpersönlich dazu ein und hole dich später ab.

Rosenkobold Dann will ich nicht länger faxeln.
Und lass dich weiterkraxeln. *Er verschwindet.*

3. Bild: Im mittleren Teil des Rosenstockes
Während wieder das Xylophon erklingt und das dritte Licht angeht, klettert Kasperl auf die nächste Stufenleiter.

Kasperl (*etwas außer Atem*) Puhh! Kinder, auch ohne die Dornen ist das Klettern ganz schön anstrengend! Ahhh! Hier oben duften die Rosen noch süßer! Hatschiiii!

Rosenelfe (*taucht von seitlich unten auf*) Nanu! Wer hat mich da geweckt?

Kasperl Ich bin's, der Kasperl. Und wer bist du?

Rosenelfe Ich bin die Rosenelfe. Was suchst du denn hier?

Kasperl Ich möchte die Prinzessin Luzinia befreien.

Rosenelfe Das ist noch nie jemandem gelungen. Die Rosenhexe ist sehr böse. Kehre lieber um! Oder möchtest du dich ins Verderben stürzen?

Kasperl Ich möchte die Prinzessin befreien. Die Hexe ist mir schnurzegal!!

Rosenelfe Gut, ich will dir helfen. Siehst du die Rose dort? Die musst du pflücken. Sie duftet wunderbar. Doch rieche nicht daran, wenn du niesen musst, fällst du hinunter, und alles ist verloren. Klettere weiter. Ganz oben wohnt die Rosenhexe. Berühre sie mit der Wunderrose, und ihre Zaubermacht erlischt. Dann löse das blaue Band, mit dem sie die Nachtigall angebunden hat, und sogleich verwandelt sich diese in die Prinzessin zurück.

Lade dein Publikum doch auf eine ganz besondere Art zur Vorstellung ein: Übergib jedem Gast eine Papierrose, auf deren Blütenblätter du Ort, Datum und Uhrzeit geschrieben hast.

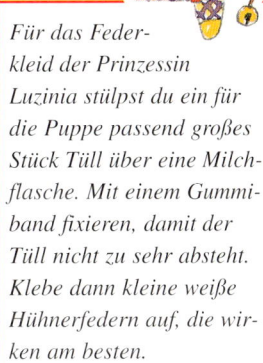

Für das Federkleid der Prinzessin Luzinia stülpst du ein für die Puppe passend großes Stück Tüll über eine Milchflasche. Mit einem Gummiband fixieren, damit der Tüll nicht zu sehr absteht. Klebe dann kleine weiße Hühnerfedern auf, die wirken am besten.

Kasperl Auweia, das hört sich ja konzlipiert, äh, ich meine, schwierig an. Aber ich schaff das schon. Danke für deinen Rat.

Rosenelfe Lebe wohl, Kasperl, und viel Glück! *Sie verschwindet.*

Kasperl So, dann werden wir mal das Wundersöschen … äh … Röschen pflücken. Ah, ganz schön gefährlich!. *Er klettert an den äußeren Rand des Rosenstockes und pflückt die Rose (der Puppenspieler drückt sie ihm in die Hand).* Oh, ist die schön! Und wie stark sie duftet! Ha … *Es sieht so aus, als müsse er gleich niesen.* Ha … Ha … *Ein Flötentriller ertönt …* Halt, die Prinzessin muss befreit werden.

4. Bild: Im Gipfel des Rosenstockes
Kasperl erklettert mit der Rose die oberste Stufe des Rosenstockes. Gleichzeitig geht das obere Bühnenlicht an, und das Xylophon spielt. Seitlich sitzt die in eine Nachtigall verwandelte Luzinia. Flötentriller erklingen. Als Kasperl auf Luzinia zugeht, erscheint die Hexe hinter ihm.

Kasperl Bist du Luzinia? Schnell, sag, wo finde ich die Rosenhexe? *Kasperl hat die Hexe noch nicht bemerkt. Die verzauberte Luzinia tiriliert (Flötentriller) verzweifelt, wie um ihn zu warnen.*

Kasperl (*versteht nicht*) Was meinst du? Wo ist sie?

Rosenhexe Hier! Du Rosendieb! *Sie reckt den Zauberstab.* Dich werde ich jetzt in einen Rüsselkäfer verwandeln!!!

Kasperl (*dreht sich um*) Was? Äh… *Zum Publikum.* Oh je, Kinder, wie war das noch mal? Muss ich jetzt an der Rose riechen, oder was? *Die Kinder antworten.*

Rosenhexe Abrakadabra…

Kasperl (*zum Publikum*) Ach so, ja, ihr habt Recht! (*Zur Hexe*) Hier, bitte schön. *Er berührt die Hexe mit der Rose.*

Rosenhexe Ahhhh! Du nichtsnutziger Rüsselzwerg hast meine Zauberkraft ruiniert! *Sie verschwindet jammernd …* Wie soll ich jetzt zaubern?

Kasperl Puh! Wenn ihr und das Zauberröschen nicht gewesen wärt! *Er*

muss wieder beinahe niesen. Ha… Ha… Ha…Der Flötentriller erklingt…
Halt, Luzinia! *Er geht schnell zu Luzinia und löst das Band. Der*
Vogelschleier fällt, und die Prinzessin kommt zum Vorschein. Oh!

Luzinia (*überglücklich*) Danke, Kasperl, dass du mich erlöst hast! *Sie gibt*
Kasperl einen Kuss. Das war sehr mutig von dir.

Kasperl (*verlegen*) Ach, das war doch nichts. Ha… Hatschi!

Luzinia Die Rosenhexe hatte die Zauberrose sicher zuvor in eine
Niesblume verwandelt. Aber jetzt kann sie uns nichts mehr anhaben.

Kasperl (*riecht etwas*) Mmmh, jetzt rieche ich etwas ganz anderes… da
juckt's mich nicht in der Nase, da läuft mir eher das Wasser im Mund
zusammen!

Luzinia Was ist das, Kasperl?

Kasperl Großmutters Pfannkuchen! Komm, wir kraxeln schnell hinunter.

Luzinia Pfannkuchen! Lecker! So was habe ich schon seit 150
Jahren nicht mehr gegessen. *Luzinia und Kasperl setzen sich in*
Bewegung. Ich weiß, wie man am schnellsten hinunterklettert.
Luzinia verschwindet.

Kasperl (*nur sein Kopf ist noch zu sehen*)
Super! Wir müssen nur noch
jemanden abholen. (*Zum*
Publikum) Die Großmutter
wird staunen, wen ich da
statt Gretel und Seppl zum
Pfannkuchenessen mitbringe.

Zum krönenden Abschluss des Stückes singen die Puppenspieler und ihre Helfer gemeinsam mit dem Publikum ein passendes Lied. Wie wäre es beispielsweise mit »Vöglein im hohen Baum« (siehe hintere Umschlaginnenseite)?

Der magische Musikus

Für 2 Puppenspieler, 1 Beleuchter und 1 Musiker Spieldauer ca. 30 Minuten

Kasperl spielt zwar gerne Flöte, aber er kann nur »Hänschen klein«. Um Großmutter ein ordentliches Geburtstagsständchen darzubringen, hat er endlich ein neues Lied gelernt. Doch leider klappt das noch nicht so recht. Als Seppl und Gretel ihn auslachen, läuft er davon und trifft im Wald auf das musikalische Elfenvolk.

Figuren Spieler 1: Kasperl, Großmutter, Elfenvolk; Spieler 2: Gretel, Seppl, Fee (Prinzessin mit Tüllschleier)
Bühne Kasperlhaus, Steh- oder Wellpappenbühne
Bühnenbilder 1. Wohnstube (gemalt); 2. Feenwald (grüner Tüll mit aufgeklebten phosphoreszierenden Leuchtsternen) 3. Waldrand, im Hintergrund das Dorf (gemalt)
Requisiten 1 Scheibe und 1 Minikalender als Geschenke (beides aus Pappe und Papier), Holzstöckchen als Flöte (eventuell mit Klebeband an Kasperls Hand kleben), kleine Schaufel
Licht Zwei Strahler, je mit einer normalen und einer blauen Glühbirne
Musik und Geräusche Glöckchen, Musikkassette und Kassetten-rekorder, Flöte, eventuell noch andere Instrumente

---

Für dieses Stück brauchst du einen oder mehrere Musiker, die ein Instrument schon halb - wegs gut spielen können.

Bild 1: In Großmutters Stube

Jedes Kind im Publikum erhält eine Elfenpuppe (Anleitung siehe Rand-spalte Seite 29). Noch während sich das Publikum auf seine Plätze begibt, spielt die Flöte »Hänschen klein«. Dann läutet das Glöckchen. Das norma-le Bühnenlicht geht an.

Kasperl, Gretel und Seppl (*singen der Großmutter nach der Melodie von »Happy Birthday« ein Geburtstagsständchen*)
Zum Geburtstag viel Glück,
zum Geburtstag viel Glück,
zum Geburtstag, liebe Oma,
zum Geburtstag viel Glück.

Großmutter Danke, danke, meine Lieben! Da habt ihr mir aber ein schö-nes Ständchen gebracht.

Kasperl (*zeigt aufs Publikum*) Schau mal, Großmutter, die sind alle gekommen, um dir zu gratulieren. *Zum Publikum.* Hallöchen, alle zusammen!

Großmutter (*zum Publikum*) Schön, dass ihr auch gekommen seid!

Kasperl Los, alle! Ein dreifaches Hoch auf die Großmutter! Sie lebe hoch… *Alle stimmen ein…* hoch… hoch!

Großmutter Danke, ich weiß gar nicht, was ich sagen soll…

Seppl (*aufgeregt*) Jetzt die Geschenke. *Er gibt ihr ein Geschenk.* Das habe ich ganz allein gemacht. Ich sag aber nicht, was es ist.

Kasperl Hihi! Wahrscheinlich weißt du selbst nicht, was es ist.

Seppl (*verärgert*) Doch, es ist nämlich ein Topfuntersetzer!

Großmutter Danke! *Sie hat das Geschenk inzwischen ausgepackt.* Ist der schön! So einen Topfuntersetzer kann ich gut gebrauchen. *Sie gibt Seppl einen Kuss.* Vielen Dank, Seppl.

Gretel (*gibt ihr den Kalender*) Ich hab meines nicht eingepackt, damit du nicht so viel Arbeit mit dem Auspacken hast…

Kasperl kann alles spielen: Welches Instrument du für deinen Kasperl wählst, kannst du ganz nach deinem Belieben bestimmen. Spielt zum Beispiel der Musiker, der dir hilft, besser Geige, dann spielt natürlich auch der Kasperl im Stück Geige (aus Pappe ausschneiden und bemalen).

Großmutter Oh, ein Kalender mit selbst gemalten Bildern! Wie schön, Gretel! *Sie gibt Gretel auch einen Kuss.* Vielen Dank.

Seppl Und was hast du für die Großmutter zum Geburtstag, Kasperl?

Kasperl (*holt die Flöte*) Ich spiele ihr ein Lied auf der Flöte vor.

Gretel Oh nein, aber nicht schon wieder »Hänschen klein«!

Seppl Er kann doch nichts anderes!

Kasperl betritt die Waldszene mit einer kleinen Schaufel in der Hand. Sie kann mit Klebeband an der freien Hand befestigt werden. Ein Helfer (Handschuhe anziehen!) nimmt die Schaufel später, wenn Kasperl spielt, wieder ab.

Kasperl (*wütend*) Doch, für Großmutter habe ich extra ein neues Lied gelernt. *Er beginnt »Fuchs, du hast die Gans gestohlen« zu spielen, verspielt sich aber und fängt plötzlich mit »Hänschen klein« an.*

Seppl (*lacht*) Das war ja doch schon wieder »Hänschen klein«.

Gretel (*lacht ebenfalls*) Ich habe eine Idee: Vielleicht sollte das Lied besser »Kasperl klein« heißen.

Kasperl (*enttäuscht und verärgert zugleich*) Diese verflixte Flöte spielt einfach nicht das, was ich will.

Großmutter (*aufmunternd*) Macht nichts, Kasperl! Das war trotzdem schön. *Sie gibt ihm einen Kuss.* Komm, wir essen jetzt Geburtstagskuchen.

Kasperl Nein, ich mag keinen Kuchen. *Er rennt zur Tür hinaus.*

Großmutter Aber Kasperl, wohin willst du denn? Bleib hier!

Das Bühnenlicht geht aus. Einige Flötenklänge erklingen. Sie ergeben keine Melodie.

Bild 2: Im Wald
Das Glöckchen läutet, und das blaue Bühnenlicht geht an.

Kasperl (*außer Atem*) … Ich hatte als Einziger kein richtiges Geschenk für Großmutter … alle haben sie gelacht. *Er blickt auf die Flöte.* Diese blöde »Hänschen klein«-Flöte vergrabe ich jetzt hier im Wald. Dann ist ein für alle Mal Schluss. *Er beginnt zu graben.*

Das Glockenspiel erklingt, unverständliches Stimmengewisper und leises Gekicher (Spieler 2 und Musiker) ist zu hören. Kasperl sieht auf.

Elfenvolk (*erscheint und beginnt zur Melodie von »Es tönen die Lieder« zu singen und zu tanzen*) Es tönen die Lieder, wir tanzen heut' wieder. Es spielen die Geige, die Trommel und die Schalmei. Tra la la la la la la… (*Melodie siehe hintere Umschlagseite*)

Kasperl (*zum Publikum*) Was ist denn hier los? Wache oder träume ich? Was soll das bedeuten?

Fee (*erscheint direkt hinter Kasperl, der sich erschreckt umdreht*) Weder das eine noch das andere! Hab keine Angst! Komm zu mir und höre!

Kasperl Was? Aber wenn ihr kein Traum und auch nicht Wirklichkeit seid, was seid ihr dann?

Elfe Wir sind die Elfen der Stimmen, Klänge und magischen Melodien. Heute feiern wir ein großes Fest mit viel Musik und Tanz. Da brauchen wir noch einen Flötenspieler, und ich glaube, du bist genau der Richtige. Komm zu uns, und spiel einfach mit!

Kasperl Nein, da täuschen Sie sich, verehrte Frau Zwölfe…äh…Elfe, ich bin genau der Falsche. Ich bin nämlich der allerschlechteste Flötenspieler überhaupt und sowieso. Gerade eben wollte ich meine Flöte für immer und ewig vergraben.

Elfe Das glaube ich nicht. Gib nicht so schnell auf! Die Flöte wird nicht vergraben, sondern gespielt – und zwar von dir.

Kasperl (*erst verblüfft, dann traurig*) Aber… alles, was ich spielen kann, ist »Hänschen klein« … mehr nicht! Da hatte der Seppl schon Recht. Und außerdem kann man dazu ja nicht mal tanzen.

Elfe Wir werden schon hören, was du spielen kannst und was nicht. Spiele einfach mit der Musik mit. Du wirst sehen, es geht wie von selbst! *Sie ruft dem Elfenvolk zu.* Los geht's! Das Fest ist eröffnet! Fangt an zu musizieren und zu tanzen.

Für die Elfen brauchst du einige pastellfarbige Stoffreste und mehrere Papierkugeln (Durchmesser ca. 3 cm). Lege eine Papierkugel in die Mitte eines quadratischen (ca. 14 x 14 cm) Stoffes. Binde den Stoff mit Faden unterhalb der Kugel ab. Ziehe oben ein Stück Faden durch, und knote es zu einer Schlinge. Für das Elfenvolk auf der Bühne hängst du je 3 Elfen an einen Laternenstil.

Musik erklingt (vom Kassettenrekorder). Elfenvolk und Fee beginnen zu tanzen. Der Kasperl legt die Schaufel weg und spielt Flöte.

Elfe (*zum Publikum, während die Musik spielt*) Los! Lasst alle eure Elfen mittanzen! *Das Publikum lässt die zuvor verteilten Elfen im Takt mittanzen. Dann wendet sich die Elfe zum Kasperl.* Na, siehst du, Kasperl, das geht doch wunderbar! Schau, was für schöne Melodien du spielen kannst! Du bist der beste Flötenspieler, den wir je hatten!

Kasperl (*nimmt für einen Moment die Flöte vom Mund*) … Und ihr seid die besten Musiklehrer, die ich je hatte! *Er spielt weiter.*

Die Musik läuft noch kurze Zeit, dann wird sie langsam leiser gedreht und verstummt schließlich. Das Bühnenlicht geht aus. Die Flöte spielt die Melodie der soeben gehörten Musik allein.

Bild 3: Waldrand, im Hintergrund Dorf

Das Glöckchen läutet. Das stärkere Bühnenlicht geht wieder an. Kasperl liegt seitlich auf dem Bühnenrand. Es sieht so aus, als würde er soeben aufwachen. Entfernt (leise, Spieler 2 und Musiker) hört man jemanden nach Kasperl rufen.

Kasperl (*verwirrt*) Nanu. Wo bin ich? Wo sind die Elfen geblieben… und die Musik? (*nachdenklich*) War das doch alles nur ein Traum, Kinder? *Die Kinder antworten.* Was? Ihr meint nicht? Mein Kopf ist ja auch noch immer voll Musik. *Er blickt auf die Flöte, die er in der Hand hält.* Und die Flöte habe ich auch nicht vergraben.

Wieder hört man jemanden nach Kasperl rufen. Kasperl, wo bist du? Dieses Mal näher (lauter).

Kasperl (*ruft zurück*) Hier bin ich, am Waldrand!

Großmutter (*hinter ihr Gretel und Seppl*) Da bist du ja, Kasperl! Gott sei Dank. Ich habe mir solche Sorgen gemacht.

Gretel Warum bist du weggelaufen? Das war doch nicht so gemeint. Wir wollten dich nicht auslachen.

Seppl Tut uns Leid, dass wir dich ein bisschen ausgelacht haben.

Wenn das Publikum bei der ersten Aufforderung, beim Fest der Elfen »mitzutanzen«, nicht gleich mitmacht, forderst du es eben gleich mehrmals auf und gibst den Takt an.

Falls du keine Figur hast, die die Fee spielen könnte, bastelst du dir nach dem Muster der Elfen eine Fee. Stecke dazu die Papierkugel für den Kopf (ca. 5 cm Durchmesser) auf ein langes Holzstäbchen, und beklebe den Stoff (ca. 25 x 25 cm) mit Glitzerpailletten.

Kasperl Ist schon okay. Stellt euch vor, gerade habe ich mit den Elfen Musik gemacht. Das hättet ihr hören sollen. Es war wunderbar. Ich habe ganz viele neue Lieder gelernt. Großmutter, jetzt kann ich dir endlich ein Geburtstagsständchen bringen!

Gretel (*schaut erstaunt den ebenso verdutzten Seppl an*) Was??? (*zum Publikum*) Der arme Kasperl. Jetzt fängt er schon an zu phantasieren.

Großmutter (*besorgt*) Kasperl, mir hat dein Flötenspiel vorhin wirklich sehr gut gefallen. Du musst mir nicht noch ein Ständchen bringen.

Kasperl (*hartnäckig*) Ich will aber! Passt auf! *Er setzt die Flöte an den Mund und beginnt… »Hänschen klein« zu spielen. Gretel und Seppl sehen sich wieder an und räuspern sich. Kasperl merkt, dass er bei der falschen Melodie gelandet ist und beginnt die neue Melodie zu flöten.*

Großmutter (*als er fertig ist*) Das ist ja wirklich wunderbar, Kasperl! Mir fehlen die Worte…

Gretel und Seppl … uns auch!

Kasperl (*aufgeregt*) … und dann habe ich noch das gelernt. *Er spielt wiederum eine neue Melodie. Alle gehen ab, und während die Flöte weiterspielt, geht das Bühnenlicht aus und das Zimmerlicht an.*

Wähle als Musik für das Elfenfest ein nicht zu langes (maximal 2 Minuten), lustiges Stück. Besonders gut eignet sich irische Volksmusik. Du kannst dir entsprechende Musikkassetten in öffentlichen Büchereien ausleihen. Such dir eine Melodie aus, die dir gefällt, aber auch relativ leicht nachzuspielen ist.

31

Über die Autorin

Martina Appich arbeitet seit vielen Jahren als Autorin und Redakteurin. Sie hat sich auf die Themen Werken, Basteln und Spielen spezialisiert, mit den Schwerpunkten Ökologie und Natur.

Bildnachweis

Alle Fotos stammen von Claudia Rehm und Achim Sass, Stock-dorf/ München, mit Ausnahme von: 3, 10 (Daniela Appich-Klaus)

Hinweis

Das vorliegende Buch ist sorg-fältig erarbeitet worden. Dennoch erfolgen alle Angaben ohne Gewähr. Weder Autorin noch Verlag können für eventu-elle Fehler oder Schäden, die aus den im Buch gegebenen prakti-schen Hinweisen resultieren, eine Haftung übernehmen.

Impressum

© 2000 Südwest Verlag, München, in der Econ Ullstein List Verlag GmbH & Co. KG, München

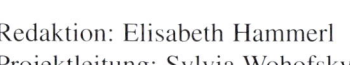

Redaktion: Elisabeth Hammerl
Projektleitung: Sylvia Wohofsky
Redaktionsleitung: Nina Andres
Illustrationen: Beate Willich
Umschlag/Layout:
Manuela Hutschenreiter
DTP/Satz: Veronika Moga
Produktion: Manfred Metzger
(Leitung), Annette Aatz,
Dr. Erika Weigele-Ismael
Druck: Color-Offset, München
Bindung: R. Oldenbourg,
München

Printed in Germany

Gedruckt auf chlor- und säurearmem Papier

ISBN 3-517-06134-4